あな吉さんの

家事をやめても愛される

ズボラ主婦革命

1万年堂出版

主な登場人物

磯河岸家（いそがし）

パパ、ママ、小1男子、3歳女子の4人家族。ママは、家事に育児に忙しく、ストレスMAX。

ズボラネコ

いつもご機嫌でいることを大切に、ズボラマインドを世の中に広めている。

はじめに

多くの主婦が抱えている「孤独感」「罪悪感」「劣等感」

はじめまして！

全日本ズボラ主婦連盟代表の、浅倉ユキと申します。主婦の皆さんには「あな吉さん」と呼ばれています。

約20年間、簡単野菜料理の研究家として、そして主婦の時間を作り出すための手帳術の考案者として、主婦の方たちといっしょに活動してきました。

全国を講演会で回ることも多く、この20年間で、実にのべ5万人の主婦の方とお会いして、お話しする機会をいただきました。

世間一般では、わたしたち主婦は「三食昼寝付き」なんて言われて、安定していて、自由な立場だと思われています。ところが！

3人の子育てをしてきた自分の実感としても、全国5万人の主婦の方とお話ししてきたことからも、とてもじゃないけどそんなお気楽な商売じゃない！と、言いたくなります。

それどころか、

「ワンオペ育児で毎日必死です」

「1日があっという間で自分の時間なんて一切ありません」

そして、

「イライラして、子どもや夫に厳しくなってしまうんです」

という声がとても多いのです。

もちろん、どんな仕事だって大変です。でも、多くの主婦と対話してきて感じたのは、主婦という立場になると、「孤独感」「罪悪感」「劣等感」をとても強く持ってしまう人が多い、ということです。

「孤独感」というのは、社会から孤立していると感じたり、家族が自分をわかってくれないという気持ちをもったりしてしまう人がいるということ。

「罪悪感」というのは、ワーキングマザーなら、「働いていて子どもと過ごす時間がなくて申し訳ない」。専業主婦なら、「お金を稼いでいなくてごめんなさい、専業主婦なのに完璧な家事ができなくてごめんなさい」などというように、特に家族に対してなんらかのうしろめたさを持っている方が多いこと。

「劣等感」というのは、自分なんて主婦失格だ、自分の母親のようにはできない。周りのママ友と比べて、あれもできない、これもできないと自分をダメだと思ってしまっているということ。

自己評価の低さを生み出す「主婦」というシステム

わたしも仕事柄、老若男女問わず、いろいろな方とお会いしますが、主婦という立場の人は、驚くほどこういったネガティブな感情を自分に向けてしまっているように思います。

ひとり、ふたりではなくほとんどの主婦から「わたしなんて、ダメ主婦ですから……」と言われるのです。

じゃあ、平均値ってどこにあるの？と不思議に思うほどです。となると、個々の性格の問題ではなくて「主婦」というシステムがこういった自己評価の低さを生み出していると、考えてしまうのです。

わたしが思うに、

・減点主義にさらされていること
・無報酬であること
・仕事の範囲が不明確なこと

が原因なのではないでしょうか。

減点主義というのは、
「ごはんは作ってあたりまえ、作らなかったら問題になる」
「洗濯はやってあたりまえ、できていなかったら文句を言われる」
というような、やった分だけほめられるのではなく、やっても無反応、やらないときだけとがめられる立場にいる、ということです。しかも、それが無報酬なので、がんばった分だけ報われる、ということもありません。そして、どこまでやっ

たら100点なのか自分も家族もわからないまま、家族を起こすことも、トイレットペーパーの在庫を切らさないことも、だれかがなくした爪切りを探し出しておくことも、夫や子供の持ち物をそろえることも、

「え、ほんとにみんなこんなことまでやってあげてるの？」

と思うようなことさえも、家族が「それは主婦の仕事でしょ」と言えばやることが無限に増えていく仕組みだったりするのです。

一体だれが、やっても気づかれずに、やらないときだけとがめられ、無限に仕事が増えるような仕事を無報酬でがんばり続けられるでしょうか。なかなか、むずかしいですよね。

だからわたしは、多くの主婦の方が「孤独感」「罪悪感」「劣等感」を抱えるのは、不思議ではないと考えています。

日本は「ジェンダー平等」後進国

「まぁ、人生そんなもんじゃないの？」と思っていませんか？　でも、**左の表**を見てください。

これは、世界経済フォーラムが調査している、各国の男女格差の大きさ「グローバル・ジェンダー・ギャップ指数」二〇一九年版です。

表

GGI（2020）上位国及び主な国の順位

順位	国名	スコア
1	アイスランド	0.877
2	ノルウェー	0.842
3	フィンランド	0.832
4	スウェーデン	0.820
5	ニカラグア	0.804
6	ニュージーランド	0.799
7	アイルランド	0.798
8	スペイン	0.795
9	ルワンダ	0.791
10	ドイツ	0.787
15	フランス	0.781
19	カナダ	0.772
21	英国	0.767
53	米国	0.724
76	イタリア	0.707
81	ロシア	0.706
106	中国	0.676
108	韓国	0.672
121	日本	0.652

日本の男女格差は、
世界121位

日本は調査対象となった世界153カ国のうち、121位（二〇一八年は110位）と、G7のなかで最低でした。**日本の男女格差は、世界的に見ても驚くほど、大きいのです。**

さらに、**下のグラフ**にあるように、日本人女性は、アメリカ人女性に比べて毎日約2時間、家事育児時間が長いのです。そのぶん、男性の家事育児時間が他の先進諸国と比べて短いことに目が行く方もいるかもしれません。確かにその通りですが、社会のジェンダーギャップが埋まるには100年かかると言われています。そんなに待てませんよね。

グラフ

6歳未満の子どもをもつ夫婦の育児・家事関連時間（1日当たり、国際比較）

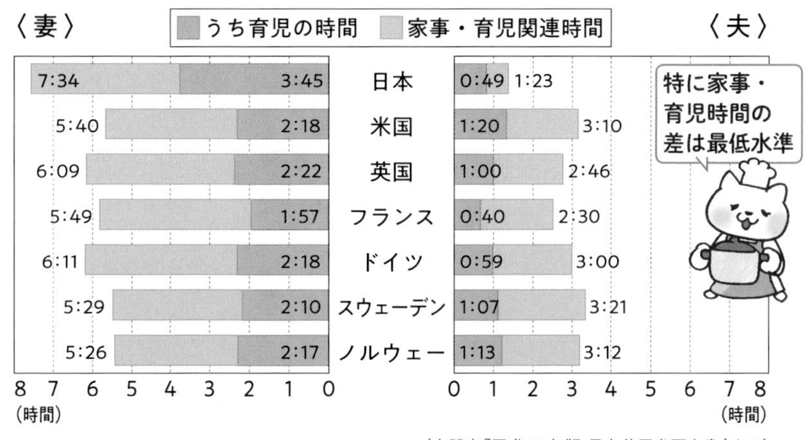

（内閣府『平成30年版 男女共同参画白書』より）

ズボラ主婦が日本を救う！

愛する家族と過ごしながらストレスやイライラを感じない自分になりたい。そのために、どうすればいいのか？

新しいことを勉強する必要はありません。むしろ、やっていることをやめる勇気だけが必要です。

わたしが20年間の主婦の方との交流で出した結論は、

「わたしたちはもっとズボラになろう！」

ということ。

社会や男性が変わるのを待つよりも、わたしたちが勝手に家事育児時間を減らすほうが早いと思いませんか？

ズボラといっても、だらしなくなろうということではありません。ここでいうズボラは、合理化と言い換えられます。

せっかく先進国に住んでいて便利な商品もサービスもいっぱいあります。苦手なことをがんばらなくても生きていける環境は、本当は整っているのです。

疲れているのに、無理して、がんばって家事をして、結局イライラして家族に当たり散らしてしまう。それで家庭内がぎすぎすしてしまうより、掃除が苦手だったら、業者にまかせてもいい。力尽きた日には、お惣菜を買ってくればいい。あなたが笑顔でいられるように、家事の手抜きをして、その分家族への愛をたっぷり注いでほしいのです。

わたしたちはスーパー主婦になる必要はないんです。笑顔いっぱい、ごきげんな妻、母でいることのほうが、きっと家族にとって大事なことだと思うのです。

本書には、そんな、「賢く愛されるズボラ主婦」ならではのアイデアをたくさん盛り込みました！　一緒にズボラでハッピーな生活を送りましょう。

ズボラ基礎編

「がんばってやらなきゃいけない！」

と思うと、余計に家事が面倒になります。

ガンバリストは卒業。家事はあえてやらないという選択肢もおすすめです。

核家族だったり、ワンオペだったり、今の時代の主婦ライフはけっこう過酷。何もかもがんばるなんて、ムリムリ！だんなさまや子どもたちのためにも、眉をしかめてがんばるのではなく、笑顔で手を抜くのも大事なサバイバル術！

ちょっとできていないことがあったって
「あのママだから仕方ないねえ」と
家族が笑ってくれたら、勝ち！

マインドはこう！

毎日同じメニューだって、買ってきたお惣菜だって、
家族が喜べばいいじゃない。
大事なのは**楽しい食卓**！

家族が求めているのはスーパー主婦じゃなくて、
「ごきげんな妻、母」なんじゃない？

世間がどうだろうと、自分の母がどうだろうと、わたしはわたし。
ズボラと呼ばれるのをおそれないのは、
自分の生き方・暮らし方を信じるということ。

ズボラーたちの

「ズボラだなぁ」と言われて
カチンとする必要なんてない。
「仕方ないなぁ、やってやるよ」と
言わせたら勝ち。

「手抜きでだらしない」じゃなく、
ズボラは合理主義と、
胸を張る。

夫や子どもたちが家事を手伝ってくれません。

かわいく頼んで、かわいくほめて、どんどんやってもらいましょう。

「これ、重くて運べないから手伝ってくれるとうれしいなー、ダメかな？」なんて、達人ズボラーは甘え上手。やってくれたら「すごい！」と手放しで絶賛するのも忘れずに。頼って甘えて、巻き込んじゃいましょう！

ズボラ基礎編

episode 1 愛され妻の頼み方

なら仕方なし……！
コーヒー入れて♡
なんでだよ～
愛してるから♡
ハイ コーヒー
愛されてるのか
愛してるから、お風呂洗って♡
愛してるから、ケーキ買って♡
愛してるから、リモコンとって♡
俺！愛されてる
魔法の呪文！「愛してるから♡」で愛あるズボライフにゃ！

布団を干すなど力仕事をやってもらうとき、
かわいく「ママ、重くてできない〜」
と言うと息子が飛んできます。

愛される頼み方術

接客のプロに学ぶ、
たくみな話術「さしすせそ」を活用。

「さすが」「知らなかった」「すごい」「センスいい」「そうなんだ」。
夫に家事をしてもらうときに、この枕詞を付けると
効果てきめんなんです。「す……すごい」「さすが!!」と
大げさに言うのがおすすめ。

ゴミ出しを夫に頼むとき、

「愛しているから、このゴミ捨ててきて♡」

笑いながらもまんざらじゃないと夫談。

家族を“その気”にさせる

ズボラーたちの

子どもに炊飯器のスイッチを入れてもらい、

「●●ちゃんが炊いたごはんは世界一おいしい！」と絶賛。

夫に自らアイロンがけをしてもらったとき、

「やっぱりあなたがアイロンがけしたシャツはクリーニング店でやってもらったみたいにピシッとしているわ」

専業主婦だから、家族に家事を頼みづらいです。

「自分のことは自分でやろうね」まずはそこから伝えてみては。

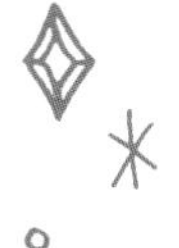

家事を頼むというよりは、自分のことは自分でやる、というのを当たり前にするだけで、主婦の負担はだいぶ減ります。例えば、自分で食べた食器は洗ってね、とか。乾いた洗濯物は仕分けまではやってあげるけど、たたんでしまうのは自分でねと伝えてみては。

洗濯物は各自が曜日を決めて、
自分の物だけ選んでたたみます。
その日以外は山積みでも
気にしないルールです。

家事のアイデア

服のボタンつけやすそのほつれは
洋服お直し**専門店へ**。
料金も 200 ～ 500 円程度です。

朝、「ママ、なんで起こしてくれなかったの？」
と言われたら、「それもママの仕事？」と
質問返しすることも。

足りないものは気づいた人がすぐに買いに行けるよう、
家族**共通のお財布**を玄関に置いています。
案外、子どもが張り切ってくれます。

これで家事が“ラクチン”に！

ズボラーたちの

爪切りや文房具は**各自、1個支給。**
これで「ママ、あれどこにある？」
から解放されますよ。

おさがりも見越して、
子どもの洋服には
名字しか書きません。

達人ズボラーの選択肢！

選択肢 1 家事は得意な人にまかせる

得意な家事は張り切るかわりに、苦手なことは家族におまかせ。「上手！」などうまくのせていかに楽しく巻き込むか、いかにメリハリをつけるか。そこが腕の見せ所です。

選択肢 2 家電に頼る

今の家電は本当に優秀。家事の労力が大きく減ります。「いつか欲しいなあ」と迷っている、その時間と労力がもったいないかも!?

ズボラー賢人たちが
実践している
オススメアイデアを
ご紹介するにゃ。

選択肢3 プロに外注を

プロに頼めば料理も掃除も洗濯も驚くほどのクオリティで仕上げてくれます。その分自分のパワーを得意分野に振り分けて、家族を喜ばせちゃいましょう！

選択肢4 ママ担当じゃない家事を増やす

食べた食器をさげる、洗う。自分の部屋の掃除機がけ、体操着や上履きを洗うなど、子どもの成長とともに、ママの担当じゃない家事を増やしていきましょう。

ズボラ基礎編

夫に察する力を求めない

なんで
ゴミ出して
くれなかったの!?

えー

頼まれて
ないもん!

ゴミ置いて
あるんだから
察してよ!

プ
プ

ゴミ

ハイそこの
悩める主婦ー!
夫に「察する力」を
求めては
ならないにゃ!

カタツムリに
瞬発力を
求めるような
ものにゃ!

でも一体
どうしたら…!

ゴールを
はっきり
伝えるにゃ!

ゴール!?

○○までに
○△をしてって
ことにゃ!

なるほど

わかった!

あなた…
重大な
任務をお願い
任務…
月曜の朝8時までに
ここにまとめたゴミを
ぜんぶゴミ置き場に
持って行って！
イエッサー！
ミッション
クリアー！
ゴミ
達成感
OK
にゃ♥

ズボラネコ

@zuboracat

さぼっていいのは仕事と家事！　さぼっちゃいけないのは愛情表現！

#ズボラ主婦革命　#ズボラの基礎　#ズボラは愛

20　8K　20K

ズボラキッチン編

お悩み
4

毎日の献立を考えるのが苦手です。

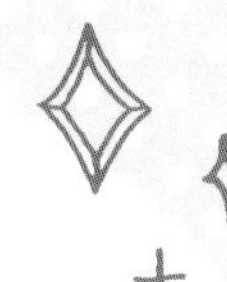

考えなくてよい仕組みにしちゃいましょう。

「月曜日はオムライス、火曜日は鍋、水曜日はパスタなど、毎週、この曜日はこのメニューと決めて、少しずつ味をアレンジしながらもルーティンに」という達人ズボラーも。夫や子どもたちの好物にすれば、毎週登場しても大喜び！

カレーの日は、ゆでたブロッコリーや
ニンジンなどのトッピングを用意。
ルーさえ溶けば、
あとは**セルフサービス！**

おすすめズボラ料理

毎週、火曜日は鶏肉ソテーの日。
味付けは醤油、塩など、
毎週変えています。

オールシーズンそうめん大活躍！
「そうめんは夏のもの」という常識は不要！

これで家族も“デキる人”に！

献立いらずの

おしゃれ皿に、切ったトマト、ブロッコリー、卵焼きを**並べるだけ**でカフェメニュー完成

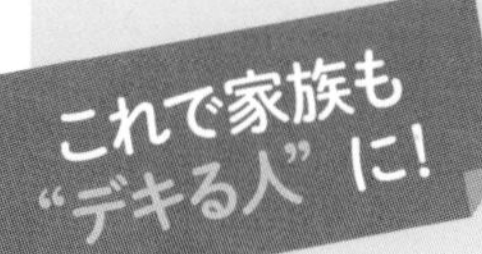

モヤシ、インゲン、ホウレンソウなどを下ごしらえするときは、**１つの鍋で**順番にゆでればラク。

なんだって鍋になる。
例えばジャガイモ、タマネギ、肉をつゆで煮た「肉じゃが風鍋」。
他の具材も足せば1品で完結！

鍋料理の魅力！

調理しながら食べられるから
時短になる！

しめにごはんやうどんを入れれば
栄養バッチリ。

おいしいお肉が手に入ったら、
他の具は豆腐とネギのみでも
ごちそうに見える。

意外と知られていない！

鍋、神！

同じ具材でも今日は塩、明日は醤油、
明後日はカレーと
味つけを変えればOK。

ラディッシュ、レタス、パクチーなど、
サラダ野菜なら**煮込みいらず！**
さらに時短に！

お悩み
5

スーパーで買ったお惣菜を出すのは気が引けます。

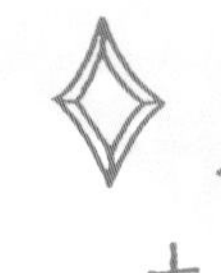

イライラして作る手料理より、笑顔で出すお惣菜のほうが家族もハッピー。

笑顔は食卓における一番の調味料。疲れてイライラ作るくらいなら、「おいしそうだったからみんなで食べたくて買ってきたよ」と笑顔でお惣菜を囲むほうが家族もハッピー。手間ひまより、楽しい時間を大切に。

家族みんなニコニコに 達人ズボラー食卓アイデア

作るのはメイン料理だけ

メインだけ作って、副菜はコンビニやスーパーで調達。待たせないから子どもたちもご機嫌です。

お弁当はまとめてストック

お弁当箱を５つ用意して、日曜日の夜におかずをつめて、冷凍庫へ。当日はレンジで解凍してごはんをつめるだけで、１週間乗り切れます。

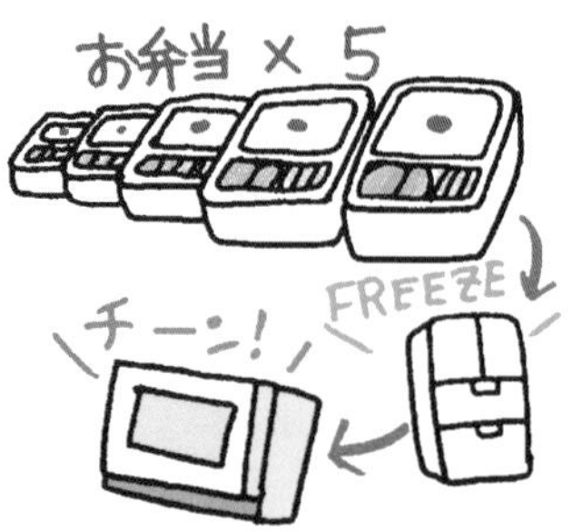

ズボラー賢人たちが
実践している
オススメアイデアを
ご紹介するにゃ。

パーティーにしてしまう

ごはんとのり、塩に梅干しや鮭などを用意して、テーブルに置いておくだけ。あとは子どもたちが勝手におにぎりパーティーを開いてくれます。

ゲームにして楽しむ

ジャガイモを洗ったり、お皿を洗うのは子どもたちの仕事。「5分でどれぐらいできるか？よーいどん！」とゲームにすれば喜んでやってくれます。

時短でおいしい調理計画

調味料はワンランク上のものを

ラクしたいからこそ、基本調味料は少々高くてもおいしいものを選んで。いい塩、いい醤油、いい油などを使うだけで、絶品料理に早変わり。

計画
2

材料はまとめて切っておく

野菜は他の料理のついでに多めに切って、冷蔵庫で保存する。翌日からはまな板、包丁不要でホントにラク。何日か保存もききます。すぐに使いきれないなら冷凍庫へ。

ズボラー賢人たちが
実践している
オススメアイデアを
ご紹介するにゃ。

計画 3

力尽きたときは外食やケータリング

献立を考えるのが面倒なら、外食や出前もノープロブレム。「何食べようかな」とワクワクするのは心の栄養。家族が喜んでいるならお互いハッピー！

計画 4

フードプロセッサーは神アイテム

タマネギやキャベツのみじん切りも数秒であっという間。お肉もミンチにできます。しまい込むと使わなくなるので、出しっぱなしがおすすめです。

お悩み 6

ごちゃごちゃしたキッチンをどうにかしたいです。

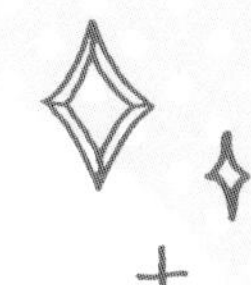

きれいに片付けるだけじゃなく、使いやすさを優先するのがズボラ流。

ガスコンロ付近にフライ返しやおたま、引き出しは上から順によく使うものを入れるなど、必要な調理器具はすべて手の届くところに置いておくほうが断然、便利。「動かずとも操作できるコックピット」が理想のキッチン。

スペースがなければ、つるすという手も。
小さな鍋やざるなら、つるしても。

つるす

コックピット計画

ボウル、ざる、保存容器は
同じメーカーでなるべく同じかたちのもの
をそろえる。収納時も重ねやすく、取り出しやすい。

鍋やフライパンは最小限に。
出し入れしやすくなる。

いつも使うものは
しまわずに、**出しっぱなし。**

ズボラー流 便利なキッチン

まな板や計量スプーンは複数用意。
肉を切ったあと、
野菜を切るためにまな板を洗って……
という**手間が省けます。**

お悩み 7

食後の片付けが苦手です。

あなたが後片付けしなくても良い方法はいくらでもあります。

疲れている日はピクニック気分で紙皿を使う。場所に余裕があるなら食洗器を。それもムリなら「前にお皿洗ってくれたこと、友達に言ったら、いいだんなさまだねってすごくうらやましがられちゃった♡」など人材育成を試みるのもおすすめ。

プラスチックのトレーがかさばるので、
お肉は精肉店で購入。
ポリ袋に入れてもらうので、
そのまま調味料を入れて調理します。

キッチン術

台ふきんをやめ、
アルコールスプレーとキッチンペーパーを活用。
洗って乾かす手間もはぶけ、清潔です。

紙皿や紙コップを活用。
百円ショップにかわいいデザインがいっぱいあるから
イベント気分で楽しめます。

楽して、きれいを保つ

ズボラーたちの

ポリ袋は捨てないで、クシャクシャに丸めて
洗剤をつけてシンクを洗えばピカピカに。
終わったら、そのままポイ。

ざるはぜんぶ、フックにつるしておきます。
洗って軽く水気を切ったら、
そのままつるして**自然乾燥**。

ズボラキッチン編

キミはヒーローだ！

それに取り組む
あんたは
ヒーロー！
地球を
救っているって
いうのはどう？
オレ、
地球
救う！
いよっ！
ヒーロー！
Good!

「家事の裏ワザ」動画サイトを
家族で見る。
興味を持って実践するように。

アイデア

家事をやるともらえる**『ママ Pay』**。
貯まるとゲームを何分できるとか、
交換条件をつけています♪

カットしたメラミンスポンジを
水筒や麦茶ポットに水と一緒に入れて、
シャカシャカ〜と振ると、ピカピカに。
これなら**子どもたちも楽しく**やってくれます。

タマネギの皮を子どもと

「5分で何個むけるか」競争。

負けてあげて、

自信を持たせるのがコツ。

家族でワクワク♪ 家事のゲーム化

洗濯物をたたむなど簡単な家事をすれば

好きなシールを貼らせる。

小さい子なら効果てきめん！

ヒーロー！

皿洗いを嫌がる息子に、

「毒で汚染されたお皿を洗うことで地球を救う。息子よ、君はヒーローだ！」

と創作話を語ったら、笑いながらもやる気アップ。

無駄な動きを減らして快適なキッチン時間を！

具体例1 調味料は１カ月で使いきれるものを

醤油など頻繁に登場する調味料はすぐに使えるよう、冷蔵庫に入れず出しっぱなしでもOK。ただし、酸化もするので１カ月で使いきれるサイズを。

具体例2 おしゃれな調理器具を使う

ズボラだからこそ、フライパンや鍋、電化製品などはそのまま出しておけるおしゃれなものを。テーブルにも出せるし、しまわなくてもインテリアの一部になります。

ズボラー賢人たちが
実践している
オススメアイデアを
ご紹介するにゃ。

具体例3 キッチンはさみの出番を増やす

何でもキッチンはさみで豪快に切って、鍋にそのまま投入すれば、まな板いらずで、お味噌汁も炒め物も完成。調理中に洗わなくて済むように、複数持っている達人ズボラーも。

アルミホイルやクッキングシートを上手に使う

フライパンにアルミホイルを敷いて、魚や肉を焼く。油っぽい料理なら食器にワックスペーパーを敷いてから盛り付けるのも、汚れ知らずでおすすめ。

zubotter

ズボラネコ

@zuboracat

「良いか悪いか」よりも、「楽しいかどうか」を大切に。良いか悪いか、正しいか間違っているかよりも幸せか？　喜びか？　おもしろいか？の芽を育てる。アタマで決めずにハートがやわらかくなる選択を！

#ズボラ主婦革命　#ズボラキッチン　#ズボラは愛

20　8K　20K

ズボラ
掃除編

まだ へーき!

お悩み 8

掃除機を、毎日かけるのが面倒です。

「掃除機はホコリが可視化してから！」と、言い切る達人ズボラーもいますよ。

家族にアレルギーの人がいなければ、毎日、かけなくてもいいと思うんです。多少汚れていても、生きていけます。ほこりがたまったな、と思ってからかければいいのでは。ただし、ほこりがたまりやすい環境なら、掃除機は出しっぱなしにしておくという手も。

お風呂掃除はスプレータイプの洗剤を
浴槽に**吹きかけて流すだけ。**
けっこう、キレイになります！

時短掃除アイデア

トイレの便器は流したあとに、
スプレータイプの洗剤を**シュシュっとして放置。**
これだけで汚れがつきにくい！

掃除機はだんぜんコードレスがズボラ向き。
移動するたびにプラグをさし直す、
あの**ひと手間が不要に**なります。

これで家族も“デキる人”に!

ズボラーたちの

ほこりや髪の毛が**落ちているところだけ**、
ティッシュで拾って、ごみ箱にポイ。

掃除機は使わず、モップで家中掃除。
手の届きにくい、ランプシェードや棚の上も
これ**1本で済みます**。

ズボラ掃除編

ママは役に立ちません

ママー あれやって

これやって

それやって

自分で やったら いいじゃない！

だって ママにやって もらったほうが いいいもん

家族の要望に 応え続けて 疲弊して……

パタ

ン

キュー

壊れてしまった がんばりママの そこのあにゃた！

役に立たない役に なるべし！

BOM

それから三年…
ママー！あれやって
頑張って♡
ママー あれはどうした
わかんな〜い
ママー 靴下片方どこいった
旅にでたって言ってたよ
ついに！ママが立った！
ク、クララが！立った!!
立ったぞー！
おかし食べよ
それでよしニャ

夫に
「散らかった
部屋ではくつろげない」
と言われました。

だんなさまがいる場所だけ片付いていればいいのかも。

1カ所だけ、散らかしてよい部屋やスペースを作り、だんなさまが帰ったときや家にいるときだけ、ざざっとそこに散らかったものを集めましょう。ソファやダイニングテーブルなど、だんなさまがくつろぐ場所が片付いていればOK！ あとは笑顔で「おかえり♡」でハッピーに。

掃除をするのは土日のみ。
しかも**夫や子どもがいるときだけ。**
誰かがやるからきれいになっているということを
教えています(笑)。

掃除術

掃除の手間にもなっている
トイレの蓋を外してしまいました。
毎回の開け閉めからも解放されてスッキリ！

子どものおもちゃは
リビングのはしっこに集めて、
かわいい布で隠すだけ〜。

これだけやれば十分きれいに

ズボラーたちの

一度、業者に掃除を頼んだら、
あまりにもきれいになってびっくり。
家族も**“きれいをキープしたい”**と、
自分から掃除するようになりました。

トイレのごみ箱はママ、リビングのごみ箱はパパ、
それ以外は子どもたちと、
ごみ箱の管理も各自担当を決めています。
担当以外はいっぱいでも**放っておく**のが基本。

ササっとやって終わらせる 掃除短縮計画

計画1 掃除機を出すだけ出す

掃除機をかけたくないときは「出すだけ」。かけなくていいんです。でも不思議なことに出していると数時間後にはかけたくなるんですよね。

計画2 ほこりならティッシュでひとふき

ほこりが気になるなら、ティッシュでさっとひとふきするだけ。気になったときにふけるよう、部屋のあちこちにティッシュを置いています。終わったらポイするだけ。

ズボラー賢人たちが
実践している
オススメアイデアを
ご紹介するにゃ。

お掃除ロボットの導入を

最近のお掃除ロボットは、ほこりを吸うだけではなく、床拭き機能のついたものもあり、メーカーによってはレンタル利用も可。スイッチひとつでラクラク。

3分だけやってみる

ポイントは3分でやめること。あとちょっとできるかな、もう少しやろうかなと思っても、続きは次の日にあえてまわす。すると続きがやりたくなるんです。

それ、本当に自分のせい？

今日は忙しくてちらかってるなぁ～
まぁたまにはいっか～
ママー

ただいま～…
ふー
おかえりなさいあなた～

はー…
チラ…
部屋がちらかってるなぁ
ガー！

私が…家事を…さぼったら夫が不機嫌になるんです！
テレホン人生相談
聞いてー!!

奥さん
それ、
本当ですか？
え？
どういうこと？
回想
ただいま〜…
ふ〜
ため息
眉間にしわ
だんなさんは
もともと
不機嫌
だったんにゃーー！
ただの
やつあたり
にゃーー!!
!!!
「夫が不機嫌なのは
自分のせい」と
思うのは
悪いくせにゃ
ガラッ
たしかにーー！

ズボラネコ

@zuboracat

「家族の上司にならないで！」お手伝いのクオリティに文句を言わないで。ママは上司じゃない。ママのルールが我が家のルールでもありません。

#ズボラ主婦革命　#ズボラ掃除　#ズボラは愛

20　 8K　 20K

ズボラ洗濯編

お悩み 10

洗濯物を干すのが面倒です。

でも、乾燥機を買うのは気が引けます。

干す労力と乾燥機との費用対効果を考えてみましょう。

靴下や下着をピンチにはさむのも、取り込むのもかなりの労力。その時間と手間を考えたら、すべてを手で干すほうがもったいない、という考え方も。それに常に天気を気にするストレスから解放されるだけでも、乾燥機は価値があります。あまりのありがたさに乾燥機「様」と呼ぶズボラーも。特にガスで乾かすタイプは乾くのが早いので人気です。

幼少期から靴下や下着は
子どもたちに自分で干させています。
「クリーニング屋さんみたいだね」
とほめると喜んでやってくれます。

からの解放アイデア

ジムのウェアを洗濯ネットに入れて行き、
終わったらネットに入れて持って帰って、
そのまま洗濯機にポン。

4人家族以上なら、
洗濯機と乾燥機は別にすると効率的。
乾燥機を回しているときに
次の洗濯機が回せますよ。

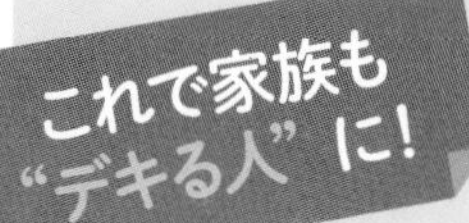

干すストレス

暑い日や寒い日は、**部屋の中で**ピンチハンガーに
洗濯物を干してから、ベランダに持っていきます。
干す時間もなるべく快適に。

靴下や下着だけ乾燥機にかける。
または、タオルやシーツは干して、
ある程度、乾いてから乾燥機で仕上げると
電気代も節約に。

アイロンがけが苦痛です。

アイロンがけをしなくて済む方法を考えましょう。

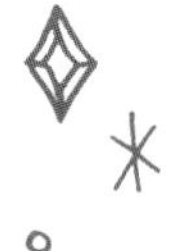

ニガテなら、やらない方法を考えるのがズボラ道。アイロン不要な服選びをするなど、できるだけ回数を減らすことを考えましょう。苦手なアイロンがけを必死にやって、くたくたに疲れてしまっているママより、ニコニコママでいたほうが家族もハッピーになりますよ。

冠婚葬祭用以外はすべてハンドタオル。
最近はすぐに乾く手ぬぐいも愛用しています。

アイロン時間よ！

ハンドスチーマー1つあれば、
アイロン台不要。

シャツ類はすべて、
クリーニング店にお任せします。
即日に仕上げてくれることも。

夫もわたしのシャツも**ノンアイロン素材のみ。**
これが本当にアイロンいらずで、
しわも気にならないんです。

これでみんな“ラクチン”に!

さらば!

たたむからしわになるんです。
ハンガーにつるせば
自然としわが伸びてくれますよ。

アイロンをかける日は日曜日の夜のみに。
家族がそれぞれかけたいものをかける
ようにしています。

ズボラー

洗濯合理化アイデア

アイデア 1

靴下は家族のカラーを決める

「靴下、片方 どこに行った〜？」を防ぐためにも、色を統一。パパは黒、ママは紺色、娘は白など家族で色別にすると、仕分けがしやすいです。

アイデア 2

洗濯ネットを複数用意

下着やタイツなどは各自、洗濯ネットに入れて、洗濯かごへ。100均でも売っています。いつでも入れられるように、家族の人数×２枚あると便利。

ズボラー賢人たちが
実践している
オススメアイデアを
ご紹介するにゃ。

アイデア3 たたむのはタオルのみ

シャツはハンガーに干して、そのまま収納、下着や靴下類はたたまず、そのまま収納スペースへ。たたむのはタオル程度にとどめておくとラク。

アイデア4 裏返しのものはそのままに

靴下、肌着、ズボン、など本人が裏返したまま出したなら、そのまま洗濯して干す。しまうときも裏返しのまま。着るときに本人に表に返してもらえばいいんです。

何回も洗濯機を回す時間がもったいないです。

洗濯する回数を減らす工夫をしましょう。

洗濯機を大容量タイプに変えるのも手。洗濯機は大容量でも置くスペースはさほど変わりません。シーツやお布団も洗えることを考えて、思い切って10kg以上の大型洗濯機に買い替えてみるのはいかがでしょう。3回が1回に減らせることもありますよ。

洗濯時間短縮計画！

計画1 スポーツタオルで乾燥を時短

お風呂で使うのはバスタオルではなく、スポーツタオル。面積が小さく、薄いほうが乾きも早いんです。

計画2 急ぎで洗濯するものは家族各自で

体操着など急ぎのものは子どもたち各自で洗濯。「ママ、洗濯機回すけど、ついでに何か洗うものない？」と言わせるのがゴール。

ズボラー賢人たちが
実践している
オススメアイデアを
ご紹介するにゃ。

ハンガーは滑らないタイプのものを

クリーニングについてくる針金ハンガーは、衣類を干しても滑りやすく、せっかく洗ったものが落ちて、かえってストレスに。滑らないタイプのものなら、そのままクローゼットにもかけられて便利です。

上履き洗いは洗濯機にお任せ

布製の上履きやスニーカーはネットに入れて、洗濯機で回せば、きれいになります。洗剤は液体、プラス漂白剤を使うと汚れもにおいもおさらば。

お悩み 13

白いシャツのえりや袖口の頑固なシミと戦いたくありません。

シミ取りは「時間が解決」してくれます。

酸素系漂白剤に一晩つけておけば、えりや袖口の汚れは洗濯機で落ちますから、戦わずに先延ばしにするのがズボラ流。専用のバケツを用意し、そこに家族が自分でつけおきしてくれるようになれば、さらに最高！

ズボラーで

清潔をキープする洗濯術

洗濯術1 コインランドリーの乾燥機を利用

近くにコインランドリーがあるなら、乾燥機だけでも利用。仕上げ10分間だけでも、使うとふかふか、生乾きのにおいも解消。

洗濯術2 粉よりも液体洗剤

粉の洗剤は、溶け残りが心配。においの原因にもなります。そんなお悩みは液体洗剤にするだけで解決！　すすぎ１回でもきれいに落ちます。

ズボラー賢人たちが
実践している
オススメアイデアを
ご紹介するにゃ。

洗濯術3 酸素系漂白剤は万能選手

酸素系漂白剤は色柄ものもOKで、意外にも洗濯槽の洗浄にも使えます。コストコなどで売られている「オキシクリーン」は洗剤と一緒に入れておくだけで泥シミもきれいに落ちるとズボラママの間で評判です。

洗濯術4 頑固な汚れはつけ置きでなんとかなる

2年以上洗ってこなかった上履きも、40度ぐらいのお湯に液体洗剤と酸素系漂白剤を溶かしたものに一晩つけておけば、ゴシゴシ洗い不要で、ほとんどの汚れは落ちますよ。

ズボラ洗濯編

息子に、洗濯機の使い方を伝授した

きちんと教育ママ

ちょっとは手伝いなさい
ほら、洗濯機の使い方くらい知っておかないと…

オレ別に知りたくね〜しぃ

遊んできまーす

逃げられたー!

ズボラーおもしろママ

どうしようかな…
これはママしか知らないことなんだけど……

洗濯機を操る魔法の手順……君に特別に伝授しよう！
がしっ
これで君もランドリーマスターだ！
お手伝い追いつめるより乗せてやろう
ピピ
ピ
汚れをやっつけるぜーー！

ズボラネコ

@zuboracat

「あのママだから仕方ないか」を言わせたら勝ち！「ママってさー、バカだよね(笑)」と中１息子。ふっふっふ。家庭内でこのおいしいポジションを築きあげるのに、わたしがどれだけ長い時間をかけてキャラづくりをしてきたか…キミは知るまい。

#ズボラ主婦革命　#ズボラ洗濯　#ズボラは愛

 20　 8K　 20K

ズボラ備え編

お悩み
14

家計簿をつけるのが面倒です。

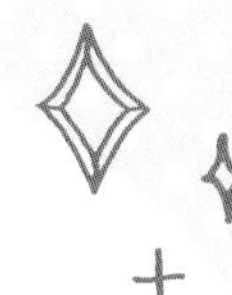

そもそも何のために家計簿をつけるのかを考えて。

何のために家計簿をつけるの？　そもそも、細かくつける必要があるのかを考えて。おおざっぱな人は小さな出費を記録するよりも、行動の見直しを。用もなく買い物にでかけて、無駄遣いしていないかをチェックして。

ラクラク家計管理アイデア

アイデア1 普段の買い物はすべてネットスーパーで

食費は週に予算5000円と決めているので、１回の買い物がそれ以上にならないようにすれば、自然と無駄遣いも減ります。

アイデア2 レシートをチェック

家計簿はつけずに、ただ、レシートをチェックして、無駄だったなあ、と思うものだけ蛍光ペンでチェックすると、自分の無駄遣いがわかります。

ズボラー賢人たちが
実践している
オススメアイデアを
ご紹介するにゃ。

アイデア3 ジップロックを活用

レシートはその月ごとにジップロックへ。ジップロックはこまごましたものを整理するにも重宝しますよ。

アイデア4 家計簿アプリを活用

金額を打ち込むだけで自動で計算してくれ、その日や週、月の出費がグラフ化されます。入力は5分もあればOKだから、慣れてしまえば手書きよりラクです。中にはレシートの写真をとれば、中身を読み取ってくれるすぐれものも。

お悩み
15

毎日、服のコーディネートを考えるのが面倒です。

洋服のコーデのつくりおきをまとめてしておくのがおすすめ。

その日の気分でコーデを考えるのも楽しいけど、それに時間がかかっていては疲れてしまうことも。あらかじめこのシャツにはこのスカート、このシャツにはこのパンツスタイルと３～４日間分ほどのコーデをつくりおきして、ハンガーにかけておくとらくちんです。

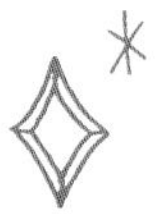
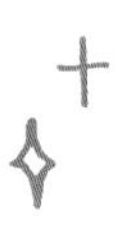

みんなどうしている？
普段の身支度

具体例1　子どもの持ち物も1週間まとめて

子どもの保育園の荷物は毎週１回、１週間分の着替え、タオルをそれぞれセットにして１日分ずつ洗濯ネットにイン。毎日ひとつずつ持って行き、使ったらネットごと洗濯機へ。

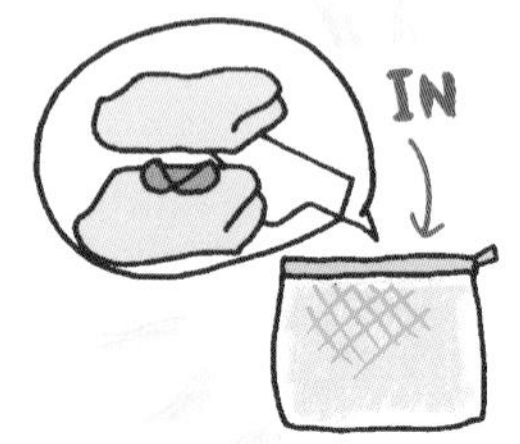

具体例2　曜日ごとにコーデを決めておく

月曜日はシャツとパンツ、火曜日はシャツとスカートなど曜日ごとに組み合わせを決めておくのもアリ。

ズボラー賢人たちが
実践している
オススメアイデアを
ご紹介するにゃ。

具体例3 その週に着ていく服は出しっぱなし

クローゼットにしまうと、しわになるので、その週着ていく服はハンガーにかけて、出しっぱなしにしておきます。

具体例4 黒のスカートはズボラのミカタ

ジーンズも便利だけど、黒いスカートはどんなコーディネートにも合うので、２〜３枚は常備。ビジネスならタイト、カジュアルならフレア。ちょっと下半身も引き締まって見えますよ(笑)。

お悩み 16

捨てられない性格で物がたまる一方です。

自分が納得できる「捨てる基準」を決めれば大丈夫。

捨てられない人は、「捨てる基準」がはっきりしていないんだそうです。基準を決めれば、即決できる人に。捨てる基準は人それぞれなので、ちまたの情報に惑わされず今の自分に必要かどうか、自分の気持ちと向き合ってみましょう。

着ない服はリサイクルショップに
持って行くことで、
捨てる罪悪感が減ります。

不要な物の処分法

痩せたら着ようと思って服をとっている自分に、

「いや、痩せないでしょ。
だって何年そのセリフ言ってんの！」

と突っ込んだら処分できました。

毎日ひとつ、出しっぱなしにしている物を
手に取って、使わない物は処分。
見えている範囲がスッキリするだけでも
掃除がしやすくなります。

これでみんな“ハッピー”に！

ズボラーたちの

弁当箱や麦茶ポットは、
パッキンがないタイプを。
ちなみに我が家の麦茶ポットはフタをはずして
ラップをかぶせて使っています。

開け閉めが面倒なシンク下の扉は、
外しちゃいました。
よく使う物、
使わない物がはっきりわかるので、
不要な物の処分もしやすくなりましたよ。

防災こそ、だんなさまの出番！

アウトドアグッズにも似ているから防災グッズを調べるのは意外と男性は好き
電気が止まったときにも使えるランタンがいるな
キャンプにも使えそう
食料はこれくらいで…ガスコンロとガスボンベ…
ラップを皿に巻けば水がなくてもきれいに使える
浄水グッズも買っておくか
Ama Son
さすが、パパのチョイス！頼りになるわ～！
管理もおねがい♡
まかしとけ～！
台本

お悩み
17

きれいでいたいけど、メイクが面倒です。

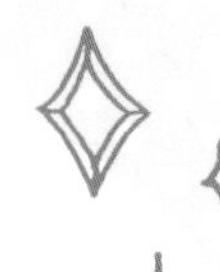

ポイントメイクなら　あっという間に　済みます。

メイクは楽しいけれど、子どもが小さかったりすると、なかなか時間はとれませんよね。だけどポイントメイクだけしっかりしておけば、意外にきちんとした印象になりますよ。

目の下に**ハイライト**を
さっと塗るだけで、
クマなど七癖隠せます。

美容アイデア

口紅は鏡を見ないと塗れないけれど、
色付きリップなら
ササっと適当でもだいじょうぶ！
それだけで顔が明るく見えます。

ドライヤーは大風量のものを
選べば、時間短縮に。
プロ仕様のものなら、少々高くても、
あっという間に乾きますよ。

眉毛とアイラインだけ
かけばOK！ それだけで、
メイクしてるような印象に。

ズボラだけど

きれいでいたい！

ファンデーションみたいな仕上がりになる
マットタイプの日焼け止めを塗るだけ。

前髪で隠れる
おでこはノーメイク！
髪で隠れる部分のメイクは不要。

ズボラ備え編

episode 8 メイクは3分！

髪型に凝らなくても髪質よければごまかせる！ちょっといいヘアオイルで髪の毛サラサラに
サラ〜
ママかわいい！
CUTE
いつもと雰囲気ちがうね
いいじゃんなんか今日
アイブロウパウダーでささっと眉毛
Happy
ヘアオイルでサラサラヘア
ママがかわいい
家族もうれしい
ママもうれしい
家族平和
色付きリップ
ぱぱっと塗るだけクッションファンデ

ズボラネコ

@zuboracat

ママの笑顔はどんなプロのメイクにも勝る美しさ。家事の負担を減らし、その分、自分磨き。「今日、1日楽しかった〜」と思える日々を過ごすことでお肌の調子もよくなり、高級美容液にも匹敵するうるおいに。よその人の目を気にする前に、いつも一緒にいる家族から「ママかわいいね」って言ってもらえるほうが幸せだと思うんです♡

#ズボラ主婦革命　#ズボラの備え　#ズボラは愛

20　 8K　 20K

おわりに

大事なのは、ごきげんで暮らすこと

料理研究家として約20年。いつも主婦の方たちの「献立考えるのしんどい」「その他の家事もしんどい」「家族はわかってくれない」の声を聞き続けてきました。

エンドレスな家事とワンオペ育児にてんてこ舞いで、「とにかく時間がない！」「毎日が矢のように飛び去って行く」と、ぐったり疲れている若いママたち。

いつだって家族優先。長年自分のことを後回しにすることに慣れすぎて「一体わたしは何がしたいんだろう」「この人生で良かったんだろうか」と涙するベテラン主婦たち。

みなさん、家族が本当に大切なんです。でも、「365日無休・無給」で、「やってもやってもエンドレス」なのに、「誰にでもできる簡単な仕事」だと思われていて、「やってあたりまえ・やらないときだけ減点されるシステム」（わたしはこれを「主婦の四重苦」と呼んでいます）の中で、報われないと感じてしまい、モヤモヤを抱えてしまうことがあっても、ちっとも不思議ではないことですし、だんだん辛くなってくるのも本当によくわかります。

- 完璧な主婦ではないという「罪悪感」
- 誰もわかってくれない、助けてくれないという「孤独感」
- 自分ばかりが取り残され、損をしているような「被害者意識」

これまで、延べ5万人以上の主婦の方とお会いしましたが、それらをひとつも抱えていない方は、ごく少数派でした。「わたしなんて主婦失格です」って言う人が多数派なんですから、むしろ堂々としていいぐらいです。

そんな中でわたしがたどり着いた結論は、家族を大事にするるって、家事をがんばるってことじゃないのかもしれない、ということ。一番大事なのは、わたしたちがごきげんに暮らすこと、笑顔で暮らすこと。「まったくママはしょうがないなぁー」って笑われながらも手伝ってもらえるポジションが、一番ラクで愛されて、おいしいと思いませんか？

やりたくないことは、できるだけやらない方法を考える。どうしてもやらなくちゃいけないなら、楽しめる方法を。わたしたちが笑顔なら、きっと家族はハッピーです。

ズボラな自分を受け入れて罪悪感を手放し、みんなそうなんだね！ということを知って孤独感を手放し、被害者意識をつのらせる代わりに甘え上手になれたらいいな！

そんな願いを込めながら、この本を書きました。肩の力を抜いて楽しみながら暮らすわたしたちのことを、きっと家族は受け入れて、愛してくれます。そうやって育った今年ハタチの娘からの手紙を、編集者さんがいたく気に入ってくださったので最後に掲載しますね。

拝啓　腰痛の父とダイエット中の母へ

明けましておめでとうございます。今年はついに2020年ということで、2000年1月生まれの私はただ今20歳になりました。誕生日、そして成人式が連日だったため、人一倍20歳になったことを実感できる2日間を過ごしています。もちろんまだまだ自分でも子どもだと思ってますが、ついにわが家の長女は形式的には大人になることができました。20年は2人にとって長かったですか？　あっという間でしたか？　自分ではわりと長かったです。そこで、長女の私が20歳になったということは、2人にも親になってから20周年ということですね！　つまり何かっていうと、20年も諦めずに私を育ててくれてありがとう。20年たって私が大人になったからといって妹弟がいるのであなたたちの子育ては終わるわけではないし、最近は弟が気難しくて奮闘しているようですが、とりあえず私は20年間も私に時間を割いてくれて、ご飯を作ってくれて、色んなことを教えてくれて、何かと気にかけてくれて、お金をかけてくれて、そのためにたっくさんお仕事をしてくれた2人にとても感謝しています。2人は、私たちを自由に育ててくれながらも、ずっと私のためを思ってあれこれやって育ててくれたので、おかげで私は今とても幸せです。感謝すべきことはたくさんありますが、とにかく私がこんなに幸せに過ごせるのはやりたいと言ったことをやらせてくれる2人の寛大さのおかげだと思っています。お金がかかることも、頑張りたいならいいよって許してくれてありがとう。好きなこと習って好きな大学行けてとっても幸せです。すごく楽しいです。あと、最大の感謝は、12年間私立に通わせてくれてありがとう。素敵な学校に通えたおかげで、今日の成人式もずっと楽しみだったし、今日素敵な先生たちに会って話して、本当に恵まれた環境で生きてこれたんだと改めて感じました。

とにかく、20年という月日、私を大切にし続けてくれてありがとう。今まで幸せだったのは間違いなくパパとママのおかげで、2人の子どもでいられたからです。今は自分に精一杯でお世話になり続けてるけど、もっと先の話、社会人になったら2人にはたくさん恩返しがしたいです。今は必死に模索しながら日々生きているので、どうぞ見守って、あと1～2年はたまに助けてあげて下さい。

著者プロフィール

浅倉ユキ（あな吉）

料理研究家、時間管理術研究家

- アナザーキッチン株式会社 代表取締役
- 全日本ズボラ主婦連盟 代表理事
- ゆるベジオフィス 代表
- あな吉手帳術オフィス 代表
- 人生が輝く話の聴き方スクール 代表
- 日本時間管理術協会 代表

2004年の活動開始より一貫して、「主婦のストレス値を下げる」をモットーにさまざまなサービスを提供。

野菜不足におちいりがちな食生活を楽しく改善するための「ゆるベジ」、暮らしと思考がスッキリ整理される、主婦のための「あな吉手帳術」、反抗期もママ友も無口な夫も怖くない！ コミュニケーションの解決策「話の聴き方スクール」など、女性が快適に暮らすための暮らしの知恵をノウハウ化し、多数のインストラクターを養成し、全国展開。

９年間で大手出版社などから書籍27冊を上梓。
『あな吉さんのゆるベジ10分レシピ』（河出書房新社）、
『あな吉さんの「ゆる家事」レッスン』（筑摩書房）、
『あな吉さんの、人生が輝く！主婦のための手帳術』（ディスカヴァー・トゥエンティワン）など。

３人の子育てをしながら事業展開していく様子から、仕事も家事も育児もこなすカリスマ主婦と呼ばれることもあるが、本人は大の家事ギライ。いつもどうやってやらずにすませるかばかりを考えている。自らの体験から、主婦業の特徴である「主婦の四重苦」からどうやってモチベーションを上げてごきげんに暮らすか、常にアイデアを模索し続ける。

STAFF
企画・編集　石島友子
執筆　廉屋友美乃
イラスト　藤井昌子
デザイン　株式会社フレーズ
DTP　株式会社エディポック

special thanks to
菅原陵子
鶴岡えつこ
石原佳史子

石橋美樹
田中有雅
津田由加里
登 景子
久留聡子
森 洋子

クラウドファンディング支援者のみなさま
ズボラサロン会員のみなさま
ズボ連サポーター会員のみなさま

あな吉さんの 家事をやめても愛される

ズボラ主婦革命

令和２年(2020)　９月３日　第１刷発行

著　者　浅倉 ユキ
発行所　株式会社 1万年堂出版
〒101-0052 東京都千代田区神田小川町2-4-20-5F
電話 03-3518-2126　FAX 03-3518-2127
https://www.10000nen.com/
製　作　1万年堂ライフ
印刷所　凸版印刷株式会社

ISBN 978-4-86626-058-7 C0077